엄마의 봄

엄마의 봄

배문옥 시집

| 自序 |

엄마의 봄

　엄마의 봄은 늘 바쁜 순간들이었다.
　어느 날 멈춰버린 봄날의 바쁨이 하늘로 이사 가서는 비가 되어 내려와 촉촉이 땅을 적신다.
　잠자던 씨앗의 생명을 흙으로부터 얻어내 엄마의 봄은 여전히 숨 쉬는 순환이다.

　2월 찬바람 속에서 봄이 느껴진다.
　끊을 수 없는 인연들 속에서 꽃으로 피어나려 가을의 낙엽은 온몸 부숴 땅속으로 스며 봄기운을 섞어 오늘을 만든다. 움트는 만물은 하늘빛 은총으로 가만가만 녹여져 하루를 만족하게 하니 이 또한 얼마나 감사한 일인가!
　이 감사한 봄날에 첫 시집을 마주하게 되니 가슴이 커피 향으로 그윽하다.

 하얀 백합향에 오선의 음계를 덧입힌 기쁨도 함께 춤을 춘다.

 감성을 가득 담아 이 땅에 보내주신 부모님께 감사하며 저녁노을이 아름다운 고향 마을 언덕 위 조그만 교회당에서 하늘의 신비를 가만히 가슴에 안겨주신 첫 은혜에 영혼의 감사를 올린다.

 부족한 글이지만 마주하는 분들의 가슴이 따스해지길 소망하며 출간을 위해 애써주신 고마운 손길에 깊은 감사를 가슴에 새긴다.

2021년 2월 25일

배 문 옥

1부 봄길

민들레 연가 · 14
봄길 · 15
미래 · 16
5월의 정자亭子 · 17
봄 닮은 사랑 · 18
매화마을 · 19
흔들리는 봄 · 20
아이에게 · 21
바람의 언덕 · 22
커피의 유혹 · 24
엄마의 봄 · 26
냉이 캐기 · 27
피아노 · 28
봄의 향연 · 29
거울 앞에서 · 30
벚꽃 되어 온 그대 · 31
난 그대 편 · 32

2부 환한 날들

삶 · 36
Life · 37
나팔꽃 · 38
우산 · 39
엉겅퀴 · 40
7월은 하프 · 42
텃밭 · 43
봉숭아 물들이기 · 44
능소화 · 45
연蓮밥 · 46
새똥 · 47
바람 · 48
달맞이꽃 · 49
무궁화 · 50
독도 · 51
떠나는 여름 · 52
매미 · 53
채송화 · 54

3부 살며 사랑하며

사랑 경주 · 58
상사화 · 59
가을 그 찬란한 벗 · 60
친구야 소풍가자 · 62
사랑하는 사람아! · 64
낙심落心 · 66
그대 보내는 기간 · 68
자연의 가르침 · 69
가을 방랑자 · 70
눈물 · 71
단풍잎은 · 72
어머니 · 73
그대 바람으로 오세요 · 74
밤과 낮 · 75
산다는 선 · 76
전하지 못한 사랑 · 77
그리움과 연애 중 · 78

4부 인생꽃

인생꽃 · 82
가을 어느 날 · 84
여백 · 85
그리움 · 86
Longing · 87
방황 · 88
떠난 자리 · 89
불면不眠 · 90
간이역 · 91
바람에게 전하는 말 · 92
꽃이 지는 이유 · 94
보고픔 · 95
기다림 · 96
가을과 겨울 사이의 마음 · 97
하늘에 전하는 · 98
눈물 흘린 소 · 99
겨울 선상線上에서 · 100
하루도 놓지 못했다 · 101

5부 행복하기로 약속

얼굴 만들기 · 104
책을 읽는 이유 · 105
홍매화 예찬 · 106
첫눈 · 107
길 위의 친구들 · 108
거미줄 · 109
손을 잡으니 · 110
풍경에 머문 마음 · 111
마음학교 · 112
무지개에 숨긴 비밀 · 114
시간의 흐름 · 115
소금 · 116
12월의 기다림 · 118
행복하기로 약속 · 120
일탈의 기쁨 · 121
정원 가꾸기 · 122
중년의 날씨 · 124

6부 어떤 날의 기도

어떤 날의 기도 · 128
Prayer in a Certain Day · 129
공평한 사랑 · 130
하늘세탁소 · 131
환한 눈물 · 132
생각 · 134
언약 · 136
나의 위로는 그대 · 138
묵상默想 · 140
마지막 인사 · 142
백합 · 144
고백 · 146
알파와 오메가 · 148
천국에 올라 · 150
사랑 · 151
하늘문 향해 · 152
나의 신神 · 153
새벽 찬가 · 154
무지개 소식 · 155
기도 · 156

다시 찾은 아지랑이
심장에 왈츠를 남긴다.

봄길

1부

민들레 연가

동토冬土를 이겨낸 어느 아침에
살며시 고개 내민 반가움
아지랑이 기운 머금다
노란 꽃을 피워낸 수고

돌 틈 사이에서
사람의 발길 버무리며
살아내느라 애쓴
고초와 환희

살아내느라
수고했다.

봄길

겨울 모퉁이를 지나니
환하게 길이 열렸네

꽃빛 감동이 몰려와
가슴에서 목울대를 넘어
두 눈에 진액을 내리고

다시 찾은 아지랑이
심장에 왈츠를 남긴다.

미래

길이 없는 곳
그 어딘가에
새로운 나만의 길을 만든다.

오늘이 불행하다고
하늘을 원망하여도
내일은 똑같이 주어진 날

들숨 날숨으로
같은 하루는 너와 내게 공평함

가슴에 품은 것이 무엇이든지
출발선에 나란히 서

두근거리는 가슴 안고
발을 내딛는 벅찬 희망.

5월의 정자亭子

산 굽이마다 피어
사람의 눈에 담아
가슴에 앉은 어여쁜 꽃들

제 갈 길로 흐르는 계곡 물줄기에
봄이 찬란히 펼쳐진 날

붉은 장미는 사랑을 품고
하늘 아래 청보리 청춘을 머금었다.

넓은 대지 싱그런 자연
온 세상이 편히 쉴 5월은
초록빛 정자亭子.

봄 닮은 사랑

이 봄 어딘가에서 숨 쉬고 있는
먼 시간 속 그대
봄날의 꽃들과 다시 다가왔다.

하늘빛 추억 스러질까
따뜻한 마음 퇴색될까
가만가만 기억해도
또렷한 진달래빛 시간들

마주 앉은 시간은 목련빛 마음
오고 가는 대화는 잔잔한 벚꽃
노란 개나리에 웃음꽃 피어나고
하얀 배꽃 향기로 잔잔히 남은 그대

미풍이 싣고 온 고운 소식
태풍 같은 아픔두
모두 사랑한다 여전히.

매화마을

매화꽃 흐드러진 광양의 산비탈
수 백리 마다 않고 달려간 봄동산
그 황홀한 꽃빛에
나도 몰래 풀어 놓는 마음

섬진강 유수流水는 말없이 반겨주고
남도의 죽풍竹風 살결을 스친다

푸른 열매 여러 날을 손꼽는 기다림
일벌들의 합창소리 5월을 기다린다.

흔들리는 봄

꽃잎이 춤추는 봄 거리에
향기 가득 담고 다가선 쓸쓸함

꽃을 보는 마음이 시린 건
아마도 외로움이 싹을 틔워
봄꽃과 마음 사이에서
헤매이는 사랑이 아닐까?

홀로 오가는 삶의 덧없음이
어느 하루 깊게 물들어
휘청이는 마음을
애써 밝은 척 포장해도
어쩌지 못하는 봄날의 연정戀情

산천에 가득한 꽃 향연
온 정신 흐미해지고
봄을 맞은 마음 흔들고 있네.

아이에게

아이야!
천국 마을에 네 마음 걸고
까치발 뜀뛰며
신나게 가자

가다가 힘에 겹거든
노랑 개나리에 코를 대고
깊게 깊게 삶을 맡아보렴

세상에 주인공은 너라는 걸
향기 고운 꽃, 새벽 유성이
말해주잖니!

바람의 언덕

바다 품은 푸른 언덕
하얀 사연들이 날아다닌다.
짝이 되어준 동행에
구름은 사랑표
햇살은 미소표

그리움은 파도 따라 머나먼 바다로 보내고
행복만 쫓기로 했다.

돌아오지 않을 미련에 몸 담지 않기로
아직도 진행 중인 그 사랑에
노예는 되지 말자 다짐도 하며
더 큰 웃음을 실어 날린다.

바람의 언덕에 인생이 숨 쉬니
삼시 나니길지라도 행복만 기억하자.

커피의 유혹

헤이즐넛 커피향 후각을 노크할 때
입안 온 미각의 촉 날개 달고
유혹의 커피 침샘을 자극한다.

비 오는 날도 아닌데
햇살 좋은 창가에 앉은 것도 아닌데
자꾸 밀려오는 사랑빛 세레나데

딱 한 잔만 마셔야지.

엄마의 봄

2019년 3월 28일 아침
하늘에서 준 봄 햇살은
다시는 볼 수 없는
거부 못할 큰 뜻이 담겨있었다.

하늘 나팔소리에
내 마음도 천상의 무지개 따라
큰 북이 울렸다.
둥 둥 둥

꽃빛 찬란한 봄을 누리지 못하고
대지의 숨소리 맞춰
씨앗들의 노곤함에 생명을 심는
고귀한 손길

그 손길이 멈췄다.

하늘에서 사랑비가 내린다
푸른 씨앗을 심으라는
엄마의 소리가 들린다.

냉이 캐기

동그란 눈을 땅 위에 두고
두리번두리번

땅의 진실이 두 눈에 닿을 때
환희가 용솟음친다.

거친 땅을 이겨낸 초록잎을
호미로 찍어낼 때
아낌없이 내어준 엄마의 헌신이 떠오르는 건
무슨 이유인지

미안하다.
그리고 고맙다.

피아노

흑백의 하모니
세상을 휘어잡는 은유恩宥

하루를 내딛는 아침이
평화로워졌다.

귀에 머물다
마음까지 차지하고

고전古典 음악가의 마음이
내게로 왔다.

봄의 향연

초록잎의 생명을 보라
해마다 만나는 인연이어도
얼마나 찬연하던가

무시로 스쳐갈지라도
사로잡는 힘에
숙연해지는 마음 마음들!

녹색의 생명들이 앞다투어 폼을 낸다.
더운 여름을 준비하는
여린 잎들의 향연.

거울 앞에서

입꼬리를 올렸다 내렸다
눈에 힘도 줘 보고

세상사 수많은 표정들
모두 미소로 채워 넣고

마주 선 사람은 또 다른 분신

환한 표정은 나의 몫
마주하는 세상도 나의 몫

벚꽃 되어 온 그대

벚꽃 사이로 그대 얼굴 떠올라
마른하늘에
소리 없는 비 마음에 내리고
천둥 같은 보고픔이
번개처럼 다가왔다.

꽃을 보는 기쁨에
그리움이 가만가만 구름 되어 걸어와
맑은 마음 가지려
하얀 벚꽃에 나를 포개고

혼연일체로 나비 되어 노니니
봄날의 그대
어느새 벚꽃 되어 환하게 웃는다.

난 그대 편

난 항상 그대 편입니다.

비가 왔네요
질퍽하고 힘겨워도
환하게 웃을 준비 돼 있어요

천둥이 칩니다
우리 두 손으로 귀를 막아
편안함을 선물할까요?

햇빛이 찬란한데
요런!
팔랑이는 나비는 하늘로 향하고

내 곁엔 그대가 있으니 다행입니다.

어떤 상황이어도
그대 편인 거 알고 계시죠?

장맛비에 뜨거운 눈물이어도
생은 찬란했고
영원히 머물고픈 미련

2부 환한 날들

삶

첫울음 시작으로 마침표까지의 리듬
달리는 리듬 한 박자
쉼표에 잠시 쉬어가고
그 쉼표 속 사연 사연들

되돌이표는 없어도
쉼표로 잠시 뒤돌아보는 성찰

중간 중간 추임새도 멋스럽다

못갖춘마디면 어떠하리
그대로의 멋스러움인데

엇박자여도 좋구나
너랑 나랑 맞추며 살면되지

가끔 불협화음으로 쓴웃음을 자아내지만
그냥 넘어가주자

갈 길의 길이는 알 수 없으나
마침표 향한 길에 사랑 노래 부르자

Life

written by Bae Moonok, Poet
translated by Choe Hongkyu, Ph.D.

From birth to death; it's a rhythm
Running the beat of the rhythm
Life takes a rest at a pause
There are gists for each pause

Though there is no signal of return
Life looks back and reflects for a while

It is smartish to cheer up life sometimes

It doesn't matter that living is imperfect
It might be elegant as it is

It would be right that beating is wrong
Because we can correct it

It could be right that living isn't far off the mark Sometimes
unconstraint makes us laugh untidily
Let us go steady

We cannot mearuse the length of our life
Let us go and sing a love song to the end of life.

나팔꽃

새벽이슬에 잠을 깨
온 몸 기지개 펴고
햇살보다 먼저 낮을 맞이한다.

고운 햇살에 몸을 푼
여린 꽃 잎
상큼한 바람 참새의 수다에
몸을 기대고

어느 님의 귀한 생을 축복하는
탄생의 하루를
소리 높여
온 세상에 꽃 되어 외친다.

우산

너에게서 보호를 받을 때
촉촉이 스미는 사랑스런 감미로움

톡 톡 톡
떨어지는 빗방울
어느 님의 미소와 함께 젖어 들고

혼자여도 좋은 작은 우산 속
차분히 걷는
달콤한 비 오는 거리

너에게서 안식을 찾는다.
마음이 평온한
여름날의 시원한 손님.

엉겅퀴

바람이 유월을 닮아
이마를 가로 지른다

더워진 생각에 머리가 어지러울 쯤
동공瞳孔에 띈 보랏빛 꽃

시간을 거슬러 어느 유년의 날에
무척이나 싫어하던 추억

내 나이 따라 십 수 년 지나
다시 마주하니
그 옛날 미움 다 사라지고
어쩌면 이리 고울까

가시 달린 꽃은 그대로인데
세월이 눈을 순順하게 했는시

유월에 만난
참 고운 빛이여!

7월은 하프

더위 속 느스한 몸 동작
삼 십 현의 음률이
생각을 춤추게 한다.

여름 아카시아 나른한 잎 뒤로
스무날의 열정을 노래하는 매미

하프 현의 멜로디로
7월의 심금心琴이 푸르다.

텃밭

사람의 생명이 가만히 숨 쉬네

고추, 파, 가지, 상추 그리고 오이…
내 몸에서 부르는 것이 가득하네.

찬바람 일 때 내려놓는 법
순리를 나보다 더 잘 아는
하늘 지혜가 심겨진 거룩한 땅.

봉숭아 물들이기

하얀 꽃잎에 초록 잎을 씌웠다
손톱에서 백반이 숨을 쉬니
여름날의 추억 만들기는 크라이막스를 달린다.

어느 손가락을 내밀까?

약지에 사랑을 심어
사모思慕하는 님의 출현을 기대하고

첫눈 오는 날
팔짱 걸 그님은
몇 날 밤의 애가 타야 마주할 수 있나?

작열한 여름 태양이
손톱에 붉게 내려앉는다.

능소화

꽃이 지는 순간에도
시들지 않는 청춘으로
여름날은 열애중이다.

장맛비에 뜨거운 눈물이어도
생은 찬란했고
영원히 머물고픈 미련

언제나 환한 날만 남겨지길
떨어지는 꽃잎마저 꽃을 피웠다.

연蓮밥

꽃이 지나간 자리
수많은 시간 아름다움은 떠나고
밤새 녹아내린 별빛을 담아
알알이 그릇마다 품어내는 열매

어느 승녀의 달그락거리는 고운 손놀림에
고슬하게 지어지는 밥알처럼
탱탱하게 여무는 씨앗들의 노래

찬란한 태양을 머금고
진흙 속에서도 진주를 품어
마음 울림으로 머물고

불타는 여름 초록빛 신선으로 다가와
노을빛 낙엽으로 스러져
뿌리 깊은 보살핌에 결과를 낳는다.

새똥

세차를 한 맑은 유리 위에
지나가던 새가 배설물을 놓고 갔다
속상한 마음이었다가
나는 새 아래서 사는 인생이 허허롭게 느껴져
피식 웃고 말았네.

하늘 아래 그 무엇이 대단하겠는가!

바람

바람 속에도 결이 있네
사람 마음과 닮은 바람

폭풍 속에 숨은 질타
세상 어둠 각성하라 훈계하고

가을이 오는 길목에
귀를 열어 들리는 바람 소리
가슴을 흔드는 고귀한 애수

여름날의 시원함
삶에 스미는 감사.

달맞이꽃

달빛 기운 온몸으로 받아
님을 맞을 준비 완료

지상에서 어둠을 반가이 맞아
기다림의 화신花身이 된 자태

꽃으로 꽃 되어 밤을 보낸다.
아침이 오는 것은
시들기 위함인가?

월견초月見草에 숨은 소원
기다리는 사랑 소식은
낮 빛 속으로 스러진다.

내일을 약속하는
또 다른 달빛 설렘.

무궁화

연보랏빛 고운 자태에
사연 많은 한반도의 넋
가만히 스며있네.

겨레의 혼이 담긴 유구悠久
피고 졌어도 다시 피어나는
꺾이지 않는 순환

다함이 없는 끈기는
일편단심으로 호국護國을 노래하고

삼복三伏의 열기 속에도 찬연한
여린 꽃잎의 생명
애국을 다짐할 너와 나의 표상表象

독도

●

동해東海의 심장
조선의 혼이여!.

떠나는 여름

해바라기 꽃잎에 대롱대롱 매달려
가기 싫은 길을 찾아 나선다

섣부른 사랑 추풍 낙엽 되어
돌아올 머나먼 외길
성큼 성큼 다가오는 코스모스 향내
가을 앞에 고개 숙인 겸허로 순응하는 너는
참 많이도 힘들게 했던 뜨거움이었다

잘 가거라
또다시 찾아올 더운 그날이어도
시간은 뭉텅뭉텅 흘러
저만치 가 있는 초연된 삶
여전히 찾아올 그리움 앞에
안녕으로 너를 보낸다.

매미

7년의 긴 땅속 어둠은
누구를 위해 기다렸던가.
고운 노래 스무날이 평생인 것을

님을 찾는 세레나데는 여름 태양을 헤치고
앞 산 그 님에게 편지 한 통 닿아
도란도란 그늘 밑에 신방도 꾸민다

불멸의 사랑은
죽음을 앞둔 처절한 아픔
번식을 향한 몸부림

노란 해바라기는 태양 빛을 쫓고
여름 손님은 그렇게
한철 사랑을 끝내고 스러져 간다

채송화

앞마당 화단 벽돌 사이에
하나, 둘, 셋 구멍마다 피어난
엄마의 마음

사루비아 가득한 화단에
울타리 되어준 채송화
꽃이 햇볕 속에 펼쳐진
한여름의 오후

세월 지난 채송화 마음
여전한 젊은 날 엄마의 모습

따뜻한 엄마 하늘에서 눈빛을 주니
채송화 빛이 더욱 선명하다.

천고天高의 푸름이 비춘
바다의 물비늘에
가을 감성은 감춰둔 눈물로 강을 이루고

살며 사랑하며 3부

사랑 경주

내 맘 달려갑니다.
눈 뜨며 출발해
눕는 시간 생각 멈출 때까지

하루를 가을향기 물씬 풍기는
그윽한 찻집 찾아
흠뻑 젖은 가을 냄새
가을 그리움으로

한 잔의 커피는 그대 얼굴 되어
떠오르고 사라지고
경쾌한 노랫가락 귀에 남긴다.

사랑의 달음박질
뒤질세라 출발선 튕겨 달리어
그대 선 골인지점 힘차게 향하고

내 사랑 경주는
일등으로 하늘에 도장 찍고
상품으로 그대 마음 얻는다.

상사화

그대와 나의 그리움 가득해
붉게 물들었나

긴 줄기 끝에 슬픈 빛
가을을 불러들여 초로焦勞해졌다

선운사禪雲寺 언저리에 만개한 절절한 사랑
일생 한 번 만이라도
그대를 만날 수 있기를…

가을 하늘을 울리는
여리디여린 붉은 꽃잎
보고픈 잎들은 몰래 몸을 감추었다.

가을 그 찬란한 벗

들국화 산들바람
나의 마음 훔쳐
새끼손가락 고리 거는 벗을 향한다.

코스모스의 파스텔 빛
흥에 겨워 추는 춤

천고天高의 푸름이 비춘
바다의 물비늘에
가을 감성은 감춰둔 눈물로 강을 이루고

신이 내려준 자연이
너무 고마운 날
어찌지 못하여 난 또다시 걷는다.
찬란함에 취하고
향기에 녹는다
그리고 고요히 시간 속으로 흘러간다.

친구야 소풍 가자

푸른 하늘 넓게 펴
코스모스 향기 한 줄
가을 단풍 고운색도 한 줄
빨간 석류즙도 뿌려 넣고
하얀 안개꽃으로 솔솔 간을 하여
돌돌 말아 가슴으로 정겹게 먹자

모난 통은 싫으니 동그란 통에 가을 밥을 담아
빈 손 여린 마음에 나눠주고
너의 사랑 나의 우정 인생 소풍 길에
예쁜 리본 나풀나풀 마무리하니
열 개 역 중 이제 다섯 번째 역에 도착했네

너른 초원의 꽃들은 무슨 생각을 할까?
소리 고운 어여쁜 새는 무슨 좋은 일이 있나?
아무 곳에 앉아도 그림 같은 풍경
마음이 꿈결이구나

친구야!
언제나 부르고 싶은 이름이여
이 가을에 소풍가자

어깨 나란히 쫑쫑 발을 맞추고
기나긴 노래로 한바탕 웃자.

사랑하는 사람아!

어제는 떠난지 오랜 그대
너무 보고 싶어
빈 허공에 마음을 기대고
한참을 눈감았네

눈에서 멀어졌어도
사랑은 오래 남아
세월 끝자락까지 함께 할 그대

들꽃에 곱게 누워 하늘 향해
보고 싶다 보고 싶다
울리는 마음 소리

숨을 쉬는 동안 잊지 말기를
고운 사람에게 띄우는
마음 한 자락.

낙심落心

이화梨花에 그대 이름 걸어
두고두고 볼 일이다.

벌들의 교화交花에
춤추는 바람이 향기를 발하고

열매가 복스러이 맺어가는 사랑의 하모니는
지칠 줄 모르고 무르익어 간다.

시간은 흘러 흘러 긴 가을로 가건만
언제까지 그리울 그대가 있어 햇살마저 눈물이구나

누런 배가 탐스러이 익기를 기다렸는데
가도 가도 끝이 없는 이화의 넋이여!

그대 이름 낙과落果로 발밑에 놓이
마음마저 안쓰런 멈춰버린 사랑이여.

그대 보내는 기간

그토록 많은 하루하루는
그대 보내는 시간들로 가득 채워져
눈물이 가슴을 헤엄치었다

햇살이 떴다 먹구름 돌고
노래로 시작한 하루는
어느새 슬픈 연가로 막을 내린다

그리움 삼킨 거센 도리질은 무용지물 되고
멈출 줄 모르는 바쁨도 그리움 앞에
결국 무릎 꿇는다.

그대 떠난 자린 아직도 빈터로 공허만 남고
그리움은 외로움으로 변해
한 그루 나무 되어 자리 지킨다.

시간아 빨리 가거라 주문 외워
반짝이는 나의 삶에 강하게 입맞춤하고
빛나는 남은 날을 행복으로 승화시키기로
새끼손가락 건다.

자연의 가르침

빈 바람 소리가 사각사각
대숲에서 보내는 법을 배운다.
내려놓는 법도 바람과 함께 날리는 법도
대나무들의 아우성 마음을 향하고

행여 님이 오시려나 밤새 다녀간 안부도
친구된 대나무는
비워야 행복하다고 마음귀에 속삭인다

위로 뻗은 끝이 보이지 않는 푸른댓잎
고운 하늘로 마실 가서 웃음 풀어 놓고
나를 내려다보는 소리 없는 미소에
내 마음 넓은 바다를 유영遊泳한다

악한 마음 슬픈 마음 비우는 법
빈 속 대나무의 가르침에

그래!
내가 행복하기 위해 너 같이만 비워두련다.

가을 방랑자

가을의 표상 단풍은
이리로 저리로
마음 여행 다니게 한다.

붉은 잎 불탔던 사랑
노란 잎 입 맞추던 환희
갈색 잎은
아~
기다리던 이별이었던가!

서녘 붉은 노을
하늘 저어 지우는 얼굴
또 나타내 보이고
애써 닦아내는 뜨거운 눈물
평화로움을 토해낸다.

처탄한에 한숨짓는 가을 방랑
또다시 이 가을 슬픈 연서로
그리워하고
한숨짓고
눈물짓고
친구되고.

눈물

그 속에 사랑이 있고
그 속에 시름이 있다.

감격은 격렬히 춤추고
애잔함 속에 노래도 숨 쉰다.

마음속 꼭꼭 숨었던
고독이고 그리움이다.

단풍잎은

봄날 여린 싹이 돋을 때
나무에 새겨 놓은 마음

불볕더위 다 이겨내고
갈바람 맞아 꽃을 피웠네

사랑이 여릿여릿 다가왔다
뜨거워진
기나긴 뒤안길

녹색의 연한 잎은
나무를 사랑해
온몸 붉히다
다시는 못 올 길을 떠나가네.

어머니

꽃이 지는 곳에서 꽃이 피어나는걸
그대는 알까?

환한 햇살 속에서도 비가 내린다는 걸
아마 모를 거야.

영원하고자 했던 생生에
하늘 뜻이 가득해져
긴 이별이 된 사랑

한 번 뿐인 소풍길에
그늘이 돼 준 고마운 인연

천국에 집을 짓고 행복해진
아름다운 사람아!

그대 바람으로 오세요

그대여
외로운 날이면
바람으로 다녀가세요

거센 바람이 다가오면
그대 힘든 일이 있는지
속으로 함께 울어줄게요

꽃바람이 일면
그대 행복하여 웃는지
그대에게 박수를 보내겠어요

바람이 잔잔한 날은
들숨 날숨 된 보고픈 추억
책갈피에 고이 간직할게요

바람 부는 날엔
가만히 다녀가세요
그대 숨결 가슴으로 다 안을래요.

밤과 낮

음양의 조화가 가득한 세상
아침 햇살이 환해져
마른 마음에 무지개가 떴다.
삶의 힘겨움도 빛 속에 스러지고
하루는 열심 속에 꽃을 피웠지

어둠이 무게를 더할 때
두 눈에 피로는 손님처럼 곱게 내려
별을 수놓는 하늘길에 낙원이고

또다시 구별될 죽음과 생존
그 어디쯤에서 마주할
불멸의 시간들.

산다는 건

어쩌면 돌아갈 길 찾지 못해
긴긴 세월 헤매며
웃는 날 우는 날 버무리다가

지척에 와 있는지
먼 길 돌아갈지도 모를
무상한 세월을

사랑이란 이름에 너와 나 엮어
꽃도 피고 무지개도 띄웠던
그윽한 향기 같은 날들

가끔 도사리는 독사의 독에
죽을 만큼 힘겨워도
다시 일어날 수 있는 생기는
하늘이 주신 축복.

전하지 못한 사랑

새벽 유성에 마음 담아
간절했던 사랑
그대가 알려나

미명에 마음이 먼저 눈 떠
제일 먼저 찾던 사람 그대인줄
아마 모를 거야

하루길에 스치는 인연들
이젠 찾을 수 없는 사람 되어

먼 곳에서 마음만 갈한
아주 특별한 사랑.

그리움과 연애 중

행복하다
미소가 번지고 꽃길도 걷는다.

어느 하루 우울함에
살며시 다가온 지난 사랑

마음 덜컹이는 보고픔이
하늘빛에 푸르다

빨간 장미 한 송이 건네 줄
충분한 마음이 활짝 피었네

어여뻐라
그리운 사람!

어느 생이든 고운 사연 아닐까
신비로 찾아와 수일 머물다
가벼이 스러지는 이름이여

인생꽃

4부

인생꽃

어느 생이든 고운 사연 아닐까
신비로 찾아와 수일 머물다
가벼이 스러지는 이름이여

어느 날이든 향기나지 않는 날이 있을까
뿜어내는 모든 것은
별을 바라보는 마음, 노래 듣는 황홀

단비를 기다리고 하늘빛 받아내어
찬란의 색 입고
바람 이겨내고 천둥을 맞아
열매를 맺는다

청춘의 꽃향기에
벌 나비 다녀가고
고통의 해충 몰래 드니
필듯말듯 애쓰다 원숙히 피어낸 아름다움

봄날의 향기 여리고
여름날의 향기 고되도

풍요의 향기로 가을을 맞는다
그래 이만하면 됐다
잘 살아왔다

가을 어느 날

비루한 마음이 짜디짠 내음을 갈증했다.
동이 틀 무렵 마음이 앞선 거리

하늘은 가득히 파랬다
어느 곳이든 푸른 물결로 감싸 안는 포용에
절로 우러르는 저 높은 곳
태양은 나를 쫓아 잰 걸음을 걸었다

비틀거리는 하루가 바다를 향할 때
가물었던 마음에 젖어드는 단비 같은 가을 냄새

바다는 물비늘을 털어내며 날리운다.
눈이 부시게.

여백

날마다의 삶에
무엇을 담아야 뿌듯할까

마음 여백에 채워 넣을 것은
사람?
물질?
명예?

저 너머 산줄기에 흐르는
희망의 원천
푸른 잎 맑은 물의 조화

더불어 살아가는 나는
자연의 한 조각임을…

빈 가슴에
태초 절대자의 비밀이 채색된다.

그리움

유난히 아픈 하루의 긴 그림자
마음에 차곡차곡 담겨진 사랑
빛을 향해 춤추고픈 그대 향한 서곡

청초한 사랑 저만치 멀어질까
안쓰런 두려움 둥지를 틀고
노을 진 어둠으로 여운 되어 가슴에 안긴다.

숱한 시간은 긴 터널속 행진
빛을 만날 희망에 행복한 꿈을 꾸고

그대와 하나하나의 흔적을 바라보는 마음눈은
벌겋게 물들어 노을과 마주한다.

Longing

The long shadow of a particularly sick day
Love occupies my heart in a neat pile
I wish to dance towards light It is a sort of prelude for you

Neat and clean love
I am afraid lest the love should goes far away
In the twilight reverberations stay in my heart

A lot of time marches through a long tunnel
It hopefully dreams happiness to meet light

You and I watch together every trace
The eyes of in our hearts
Become reddish and face towards the twilight.

방황

떠난다
질퍽거리는 끈적한 삶에서
탈출하고 싶어
예고 없이 떠나는 길

바다가 벗되는 넓은 가슴에
출몰한 그리움이
한없이 서러웠다

나이를 먹는다는 것은
어쩌면 돌아가기 싫은 슬픔

하루가 덧없던 삶에서
또 지루해진 순간들로 기쁨이 허기진 날
길 떠나는 마음 채움은
행복이 연출되어 웃는다.

봄
여름
그리고 가을날
언제나 하얀 눈은 흩날리고.

떠난 자리

왔다가 간 자리에 꽃이 남아
그 꽃 아름다워 눈물꽃 되었다.

머문 동안 피워낸 꽃들은
형형색색의 다른 느낌

내가 떠난 자리엔 무슨 꽃 남길까!

후회될 어제는 접고
꽃이 될 어제로 바꿈해야지

머물다 간 자리가
꽃이 되는 오늘
그 끝은 아름다우리.

불면不眠

두 눈을 감을 때
생각의 문이 활짝 열렸지

지난 세월, 다가올 미래
어우러진 타래

고운 생각만 품자
좋은 사람으로 남자
꼭꼭 가슴에 눌러 담고

꿈을 꾸자 깊이 잠들자
밤을 이기려는 저울추는
스르르 생각에게 추를 얹고

아침을 기다리는 두 눈엔
헛새벽이 다가왔다.

간이역

긴 세월 여행하다
잠시 머문 마음

눈과 마음을 잃어
그대에게 멈췄네

꽃보다 아름다운 사랑이
세월 속에 빛이 나니

지나가고 없을 그대여도
긴 여운으로
가슴속에 묻히리.

바람에게 전하는 말

곧은 모습 바른 모습
때론 내려놓아도 괜찮다고
때론 미숙한 대로 손해도 보고

남을 해함보단 손해 보는 것이
차라리 낫다고
아픔을 주기보단 내가 조금 아프고
사랑을 받기보단 내가 더 사랑하고

흘러가는 구름 가듯
나도 따라 흘러가고
애써 목소리 높이지 않아도
마음이 통하면 눈빛만 봐도 알 수 있지

애써 힘들게 걷지 말자
편한 걸음으로 좋은 음악 들으며
달콤한 차도 한 잔 마시며 쉬어도 보고
속내 다 보이는 인생 이야기로
함박웃음 보따리도 풀어 놓고

꿈은 가슴에서 놓지 말자
어제보다 나은 성장으로
내일을 준비하고

그리고 행복하자 우리
잠시 다녀가는 인생길
아웅 거리기도 싫으니
우리 아름답게 살다 가자
돌아갈 땐 아름다웠다고 말할 수 있도록.

꽃이 지는 이유

너와의 이별을 위로하려
함께 떨어지는지도 몰라

아픈 마음을 꽃으로 대신
아파해 주는지도 몰라

아픈 사랑 더 아픈 이별을
꽃은 이미 알고 있었나 봐

그래서 떨어지는 건가 봐
나를 위해 너를 위해

꽃은 알고 있었나 봐
피는 사랑을
지는 이별을.

보고픔

소리 없이 내리는 보슬비 사이로
옛님이 다녀갔다

말없이 와서
팔짱 걸고 커피 한 잔 하잖다.

그리움과 미움이 교차되는
오래된 옛 시간의 되돌림.

기다림

행여 오시지나 않을까 하여
손꼽아 기다리던 님
오월의 장미 되어 붉은 사연을 담고
가시와 함께 가슴에 녹았다.

담장 너머 닿을 수 없는 붉은 꽃에
내일은 또 얼마나 아픈 설렘일까

오지 않을 걸 알아도
여전히 바보스런 순애純愛
지쳐갈 즈음이라 생각했는데
그것은 커다란 착각이었다.

님 소식 너울 되어 찰랑이고
그리움 너머 돌아올 날 아슬하여도
언제까지 기나빌 ㄱ내모
오월의 장미는 아픈 가시를
멀리 떠나보낸다.

가을과 겨울 사이의 마음

가을과 겨울의 길목에서
가지 않으려 다가오려
팽팽히 맞서는 11월의 날들

움츠린 어깨에
살며시 얹는 다정한 손길
그대의 사랑에 가슴이 뛴다.

초록빛이 노랗게 그리고 붉게 변해가는 날
어쩌지 못하는 마음에
한 줄 시는
마음을 정화하는 따뜻한 위로

검은 활자들의 시는
마음에 평화로 내려앉는다.

하늘에 전하는

우여곡절 아픈 사연
저 하늘에 퍼다 올려
하늘은 퍼렇게 멍이 들었나 보다

밤새 잠자던 숲속 새들도
새 날의 햇살로 날갯짓이 바쁠 때
그리도 어두웠던 기억들은
바람 따라 다시 못 올 먼 곳에 보내고
환한 향기만 가슴에 담아 놓는다.

멍든 하늘이 놀라 비를 토하고
무너진 사연들은 햇살에 엮어
살아갈 이유를 새롭게 만든다.

보고픈 사연 감싸고픈 사람
하늘에 소식을 다시 올린나.

눈물 흘린 소

도축장 앞 트럭에
커다란 눈을 가진 소
눈물에 젖은 얼굴 보니
육식의 죄스러움 가슴을 후빈다.

죽음을 앞둔 시각
연실 울어대는 소 울음에
출근길 마음에 바위가 놓여

생명을 생각해보는 진중珍重
미안하다 사람이라.

겨울 선상線上에서

코끝이 싸하다
겨울의 찬 내음이 심장 박동에 빠른 페달을 밟는다.

얼마만인가 이 느낌

머리에 세찬 눈이라도 맞은 듯
혼미케하는 내달리는 생각의 조각조각들

언제부턴가 잊혔던 이 차가움
다시 맡게 되어 쭈뼛이 정신이 선다.

냉정의 날개
그리웠던 겨울 냄새

그대 이제는 안녕이다.

하루도 놓지 못했다

언젠가 끝이 있을 거라고
위로하며 토닥인 마음에
가을은 또다시 보고픔을 잉태했다

차마 보내지 못하여 쌓아둔 마음
오늘도 지는 해와 하루를 보내고

그대 마음자리에
나의 존재는 얼마나 차지했던가?

삶의 그 끝 어디쯤에서
여전히 서성일 그대가
많이 보고픈 날이다.

덧없는 세월이라 말하지 말아요
가을 들꽃이 눈 맞추자
부르는 소리를 들어보세요

행복하기로 약속

5부

얼굴 만들기

거울을 보며 마주하는 나를 대할 때
미소가 낯설지 않기를

입꼬리 살짝 올리면
그대도 내게 미소 보내니
세상사 모두 내 할 몫

나이 들어서의 얼굴은
마음의 결과물

거울에 비친 얼굴이 낯설지 않기로
하루를 지켜내는 감사.

책을 읽는 이유

오늘의 마음이 휠체어에 기댄다.
누군가 밀어주기를 바라며
휴대폰에 눈을 고정시키고
하나, 둘, 셋 찾지만

번호를 누르다말고
지워버리는 무상

어쩌면, 이 많은 사람들…

속내를 보이기 싫은 자존심이 앞서
책갈피를 눈물로 대신하니
쌓였던 근심
검은 활자가 위로한다.

홍매화 예찬

홍매화 심으러 산야에 가자
도시의 복잡함 땅속에 묻고
붉게 물드는 사랑빛 쫓아
홍매화 따라 산야에 가자

홍매화 심으러 고향에 가자
어릴적 모두의 그리운 고향
산천 푸름을 가슴에 담으러
홍매화 따라 고향에 가자

가서 힘들거든 흙이랑 노닐고
가서 슬프거든 들새랑 노래하자

첫눈

꽃님이 왔다
마음속 남겨진 사랑도
첫눈 되어 함께 왔다

누군가와 약속 이어지고
소복이 내린 첫눈으로
마음이 미소 짓는 날

까치의 노래는 하늘길을 달린다.
나도 꽃 되어 하늘을 난다.

길 위의 친구들

눈길 닿는 것마다
해맑은 웃음

스치는 숨결마다
느껴지는 향기

돌
풀잎
바람
그리고 꽃들아

흔들리면서도 자리 지키는
너희들의 곧은 모습으로
신은 내게 가르침을 준다.

하얀 마음
푸른 꿈으로.

거미줄

해질녘 허공에 매달린 거미
하늘에 도전장을 내밀었다
무슨 배짱으로 감히.

올테면 와 봐라
다 삼켜버릴테니
여덟 개의 다리로 세상을 낚고

힘없이 무너지는
잠자리의 날갯짓

사람 위에 사람이 과연 있을까?

손을 잡으니

내 마음을 담아
그대 손에 포개니
따스한 일렁임이
하늘볕에 반짝인다.

무언無言의 사이사이에
두 마음 오고가는 소통
침묵이어도 느껴지는 정겨움

말보다 맞잡은 손에
더 큰 힘이 있어
따스함이 전해졌다.

손을 내미는 세상
평화만 있으리.

풍경에 머문 마음

바람이 부네
어디서 왔을까?

까치들 모임에 눈을 맞춘 화합和合
빗방울이 얼굴에 입맞출 때
너도 내가 반갑구나!

어쩌면 만물은 내게 인사하는
고마움일 텐데…

오늘 저녁 길은
하늘 은총이 더욱 감사한
빗물과의 아주 특별한 만남.

마음학교

오늘
하나 둘 만나는 마음들은

사랑꽃 피운 마음
일그러진 마음
다듬어지지 않았어도 진솔한 마음
색안경을 낀 마음
수줍어 말 못하는 마음
남을 이용하려는 마음…

세상 학교에 많은 마음들
다 받아 줄 수는 없어도
옳고 그름을 알아가는 참 좋은 배움터.

무지개에 숨긴 비밀

빨주노초파남보 찬란한 빛에
꼭꼭 숨긴 놀라운 비밀을
그대는 아는가?

빨간 석류 새콤함 입에 머금고
주단을 깐 고운길은
노란 은행잎이 가득 하였다
초연의 삶!
파란만장의 세월이라도
남보다는 나를 더 사랑하여
보석 같은 생을 수놓고
영롱한 무지개 환희를 찾아내자

시월의 하늘은 여전히 아름답고
비가 지난 무지개는 더 빛나니
꿈만 가득하신 하늘노 빌어우네

시간의 흐름

스타카도 경쾌함이 하늘과 닿는
아침의 감사함에
셈 여림 사이사이에 넣고

반올림한 기분 무엇이든 이룰 수 있어
커다란 자신감 윤슬에 꽃을 엮는다.

삼백예순날 수많은 시간 속사연들
바람은 알고 있나니
진실 하나 곧게 뿌리 내렸기에
열매가 없어도 미련은 없다.

소금

긴 시간 뜨거운 뙤약볕에
인내하며 탄생한 세상의 보물

너도 한 줌 나도 한 줌
고루 나눠
썩지 않을 싱그러운 마음 만들자

입속으로 들어가는 많은 반찬
보물이 가득해 나를 살린다.

자!
바다로 가자
넓은 가슴에 소금을 가득 담자.

12월의 기다림

마음에도 다리가 있다면
찬바람 섞인 재촉된 걸음이
벌써 그대에게 가 있을 텐데

눈빛에도 날개가 있다며
하얀 눈雪에 눈目 맞춘 반가움
가득한 따스함으로 그대와 마주 앉았을 텐데

많은 생각의 편린들이 지나갔다
꽃잎으로 떨어지는
이별진 12월의 쓸쓸함이여.

부서지는 낙엽이 새싹을 키운다
땅 속 생명의 비밀

다시 올 그대의
향긋한 봄소식.

행복하기로 약속

덧없는 세월이라 말하지 말아요
가을 들꽃이 눈 맞추자
부르는 소리를 들어보세요

봄꽃은 어때요?
겨울을 이겨낸 따스함으로
고운 진달래도 피워냈잖아요

하늘 가르는 새들의 함성이
고개를 들 때
살아있음에 눈물 흘리는
짜릿한 감사가
가슴을 울리지 않나요?

일탈의 기쁨

바다를 바라보는 시간
무념으로 응시하는 저 바다에
던져버리고 싶은 일들이
하나, 둘 떠오르고

삶을 숙제로 내려주신 신께
답을 물을 때
큰 울림 감사로 돌아와
바다 물결은 춤을 추었다.

외로움이 요동하는 겨울
갈매기 노래에 흥을 가미加味시켜
바다는 대답한다.

어느 해 하늘에 올려질 내 영혼이
한층 맑아짐에
나보다 앞서가는 환해진 마음.

하루가 소리 없이 뛰어간다.

정원 가꾸기

울안 정원에
하얀 백합을 곱게 심어
향기에 취하고 싶다

정원 모퉁이에 수국의 하얀 꽃 송이송이 피어나고
그 옆에 가을을 알리는 자줏빛 국화도 심을 심산이다.

봄에 꽃을 피어내는 모란은
활력이 되어 지난겨울을 털고
새봄에 기지개를 활짝 펼 것이기에
죽마고우 같으니 빠뜨릴 수가 없겠네.

석류가 빨갛게 익어가는 상상을 하면 얼마나 행복한지.
감꽃을 목에 걸던 동심도 느껴볼 생각이다

세상이 다 정원이거늘 아름답지 않은 것이 어디 있으랴.

가까운 곳에 하얀 아카시아 꽃향기 그윽하면 더욱 좋겠네.

중년의 날씨

중년에게 바람은
옷깃을 여미는 쓰라린 허무

비가 내림은
옛 추억에 젖는 아득한 사랑

하얀 눈에 마음 내어줌은
지나온 길, 걸어갈 길 쓸쓸해
빈 가슴 되어 고요하고

햇살에게 비타민을 선물 받은
빛 좋은 하루는
남은 생에
가장 젊은 꿀 송이.

하늘 너머 날 지키는
그대 숨결 그대 눈길
가슴으로 느낀다

어떤 날의 기도

6부

어떤 날의 기도

난 몹시 그대 보고 싶어
무수한 시간 독백으로 침묵하고

하늘 너머 날 지키는
그대 숨결 그대 눈길 가슴으로 느낀다.

마음속까지도 알 것 같은 그댄
내 심장 곳곳을 이미 투영하고

진심된 맘 그대 앞에 발그레이 내려놓으니
산새는 손뼉치고 푸른잎은 덩실 춤을 추는구나

아~~
하얀 백합 향내는 그대에게 나를 선물하고
천상에선 노래가 가득하니
보고픔은 나성히 내 곁에서 팔장 걷고 있다

Prayer in a Certain Day

I am eager to see you
I have kept silence in soliloquy a lot of time
I feel in my heart your breath and glance
Which watch me in the sky

Presumably you know the core of my heart
You already project every part of my heart
I shyly put down my true heart before you
Mountain birds clap and green leaves dance

Ah…
The fragrance of a white lily presents me to you
The heaven is full of songs
The desire to see you kindly folds my arms.

공평한 사랑

너무 좋은 일 있을 때
신神에게
왜 접니까 묻는 이 있는가?

힘이 들 때
왜 접니까 묻는 수많은 사람들

공평은 하늘 바람타고
너와 나를 사랑한다.

그대가 힘들 때
소리 없이 눈물 흘리는 이
또 있으니.

하늘세탁소

어지러움을 하얀 구름에 비벼
맑은 빗물로 헹구어내니
생각도 마음도 청명해진다

사람에게 받은 상처
고된 일로 지친 몸
밝은 햇살에 널어 말리고

내일은 깨끗한 마음
나풀한 생각
하늘에서 선물 받아
세상과 고요히 마주해야지.

환한 눈물

눈물이 꽃 핀다
들판 달개비 꽃의 흔함도
너무 귀한 어여쁨이고

싸리꽃 하얀 군락에
마음을 정화하는 하늘빛 은총으로
새록이 쌓여 말갛게 토해낸다.

눈물이 어찌 아픔만 있으랴
공중의 새들도 하늘 저편 구름도
저녁노을 감사로 환한 눈물 그렁이는데.

생각

달밤에 무너지는 마음
하루해도 함께 스러지고
헛되다 한 인생길
고요히 되돌아볼 즈음
흐르는 눈물에 배어든 생각들

되돌릴 수 없는 지난 세월
나머지 생에 푸른 수를 놓아
너의 밭 나의 마음 하나로 엮어
옥토에 꽃을 가득 채우고

하나님 계신 나라에 가려거든
미운님 고운님 다 어여뻐 여겨
무상한 세월에 희락만 남겨두고
떠날 땐 빈손에 미소만 남기리.

언약

마음으로 맹세한 소리 없는 울림에
하늘이 환하게 웃었다.

평생이 함께라는 굳은 맹세를
달빛에 조각하는 마음
그대도 나도 알기에

딴 길로 실수하는 순간마저도
나를 받아주는 눈물 나는 감사

언제쯤 그 약속 하얗게 채색할까

삶이 나를 속이는지
내가 삶을 밀어내는지

그대와의 약속은 별빛 따라
몇 광년을 달려
그대에게 다가갈런지.

나의 위로는 그대

삶이 공허하고 사람이 싫어지는 날이 오늘일 때
조용히 부르는 이름이 그대이기를.

슬픔이 밀려드는 순간에
조용히 노래 부를 수 있는 이유가 그대이기를.

강물이 깊어도 그대 마음만 할까!
하늘이 높아도 그대 사랑만 할까!

한 길 사람 마음을 뒤로하는
여린 마음의 쉼터는 그대.

묵상默想

해금 소리 울리는 차 안에
내면의 깊은 간절함
내리는 빗물과 하나가 되었다.

죄가 많은 세상 삶에
무엇이 옳고 그르다 하겠는가

단 한 가지 소망이 있다면
선한 마음으로 살다가
작별하는 모든 이에게 미소 남기고

하늘 올라간 후에도
"잘하였다"
하늘에서도 땅에서도
듣기 원함이니

사랑하며 살기로 다짐하는 마음
해금의 울림
비와 함께 내 마음도 섞는다.

마지막 인사

사랑만 하세요.

어제의 미움
오늘의 용서로
내일은 미소만 남기세요

맑은 하늘은
가끔 구름도 보내고 번개도 낳지만
그래도 여전히 빛나잖아요.

돌아갈 땐 가슴에
기쁨만 가득 채워서 가야해요.

백합

상념을 보내고
번뇌도 날리고

하얀 생각
향기 고운 마음
여름빛에 그윽해

내 젊은 날과 꼭 닮은
시들지 않는 낭만이여

밤빛에 환한
삶 속에 진실

예수의 사랑이 곱게 담긴
여름날의 걸작.

고백

오늘은 그대에게 예쁜 고백을 하나 할게요
내가 그대를 그 무엇보다 사랑한다 했는데
마음이 살짝 꽃밭에 다녀왔어요.

어쩌면 좋지요
빗물로도 안 씻겨져요
이슬 내리는 아침에 일부러 마중나가
온 몸을 적셔도 보았지요

용서해 주실래요
꽃이여서 좋았구요
향기도 어였뻤어요
그대여
그래도 내가 제일 사랑하는 건
그대라는거 알고 계시죠
목숨이고 백합 같은 나의 그대여.

알파와 오메가

나 그대의 허락으로
밝은 햇살에 몸 드러내
눈이 부신 자연에 한 조각되니

흰 눈 가득한 세상은
내 첫 울음으로 바람꽃이 일었다.

하얀 수국에 설레던 동심
봄날 아카시아 향에 취해 걷던 꽃 같은 소녀
가을길에 넋을 잃고만 청춘 다 보내고

가만가만 오던 길 되돌아 볼 즈음
먼 길 걸어옴 깨달으니
지는 석양에 눈물이 섞인다.

언젠가 하늘에서
나 필요해 데려갈 그 날
그대에게
은총의 감사 담아 올린다.

천국에 올라

세상을 바라보니
전쟁 같은 삶에 안쓰런 사람들

풀 한 포기, 꽃 한 송이
다 같은 생명들

무엇 하나 의미 없는 것 없는데
잘났다 우쭐댈 일도 아닌데.

사람들아
사랑하며 살아도 잠시
용서하며 지내도 순간이니

하루 빛에 웃고
세 끼에 만족하여
나누며 살아가실 가슴에 새기사

안식安息 할 수 있는 곳 여기 있으니
평화만 숨 쉬길 바람 실어 보내리.

사랑

가슴에서 일렁이는 뜨거움 하나
아무도 모를 속삭이는 내면의 소리

그대는
밤새 잠을 자는 동안
나를 바라보시고

어두운 곳에 있을 때
길을 열어 놓고 인도하시네

목 놓아 울고 싶은 어느 날
위로 한 마디 필요한 날
나를 쓰다듬는 그대의 손

그대 사랑은
빛을 몰아 찬란케하고
슬픔을 밀어내는 웃음이네.

하늘문 향해

땅 아래 곧게 선다한들
내려다봄에 웃음일 뿐이라

부와 명예에 목마른 세상사
하늘에서 바라보니 안타까움이고

한치 앞도 알 수 없는 생사는
비운 마음으로 살아야함에
고개 숙이게 한다

하늘문 향하는 오늘의 한 걸음
살아감이 감사고 사랑이고
그리고 영원이리.

나의 신神

고요 속 은밀한 존재
하늘의 세밀한 큰 뜻을
달콤히 속삭이는 무소부재無所不在

십자가에 매달린 목숨
영생永生을 얻게 된 축복

산들한 바람 속에
고요히 들리는 밀어密語는
눈물 나는 감사여라

하늘 햇살이 눈부신 오늘
감사는 또다시 벅차오르고!

새벽 찬가

겹겹이 밀려오는 태양의 아우성
지난밤 어둠은 쏜살같이 자취 감추고
새벽을 울리는 교회 종소리에
삼라만상이 기지개 편다.

연약한 여인 두 손 모을 때
기적의 참 신神은 곁에 있어
감격의 환호성 소리 없는 눈물 되고
침묵 속에 담긴 찬란한 뜻은
동트는 새벽빛으로 열매 된다.

태양을 반기는 초목도 닭의 노래도
제 갈 길 찾아 시작하는 하루는
역사를 만들고 사랑도 찾는다.

무지개 소식

그대 닮은 고운 빛이 하늘에 다리를 놓았네요
높은 하늘의 위엄 앞에 곱게 다리를 놓아주니
기쁜 소식이 그대에게 오려나 봅니다.

가을의 공허 앞에 찬란함을 보내주니
님이여!~
가득할 좋은 일들을 반겨 주세요

빨아들이는 가을로의 마음은
주체 못할 그리움으로
노랗게 노랗게 어지럼 남기고
초롱한 눈빛만큼은 잃지 않으려
파리한 떨림마저도
남들 앞에 아닌 척 강한 척
보이려고 애써보는 가을입니다.

나의 님이여!
고운 무지개다리 건너 그대 있는 곳
한발 두발 또다시 걸어갑니다.

기도

마음이 몹시 힘든 어느 날
여린 바람에도 나는 흔들렸다.

인생이 허무하고 재미가 없다고 느껴질 때
찾을 수 있는 건 이 세상에 그 무엇도 없었다.
무너지지 않으려 곧추세우고
심연 속에서 사랑하는 님을 만났다.

그래 바로 이거다.
사람에게 찾을 수 없는 위로와 평화.

푸른문학선 · 179

엄마의 봄

2021년 3월 9일 초판 인쇄
2021년 3월 28일 초판 발행

저　자 | 배 문 옥
발행인 | 李 惠 順
편집인 | 이 은 별
주　간 | 임 재 구

발행처 | **푸른문학사**
등　록 | 제 2015 - 000039
주　소 | 서울시 강북구 도봉로 313 효성인텔리안빌딩
전　화 | 02) 992 - 0333
팩　스 | 02) 992 - 0334

신　문 | 푸른문학신문(인터넷) www.kblpn.com
BAND | 푸른문학
이메일 | poet33@hanmail.net

cafe.daum.net/stargreenwood 푸른문학사

ISBN 979-11-88424-51-1

값 15,000원

저자와의 합의하에 인지 첨부 생략합니다.
이 책은 저작권법에 의해 보호를 받는 저작물이므로 무단전재와 복제를 금합니다.